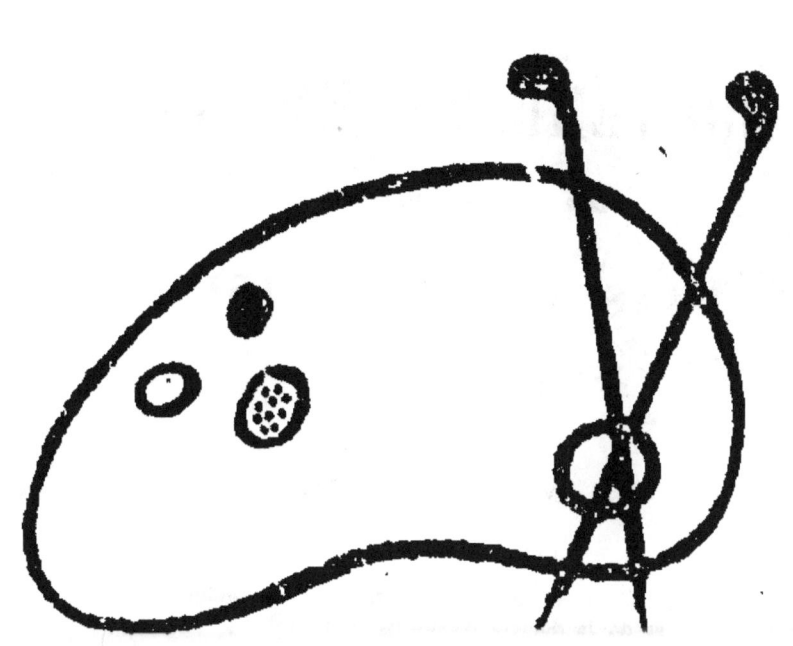

Début d'une série de documents en couleur

LE
MOUVEMENT COMMUNAL
au XIIe siècle
DANS LE BEAUVAISIS
et aux environs

Par M. l'Abbé MOREL

Curé de CHEVRIÈRES

Correspondant du Ministère de l'Instruction publique
et de la Société Académique de l'Oise
Officier d'Académie
Chevalier de l'Ordre royal d'Isabelle la Catholique, etc.

BEAUVAIS

IMPRIMERIE DU « MONITEUR DE L'OISE », 15, RUE DES FLAGEOTS

1899

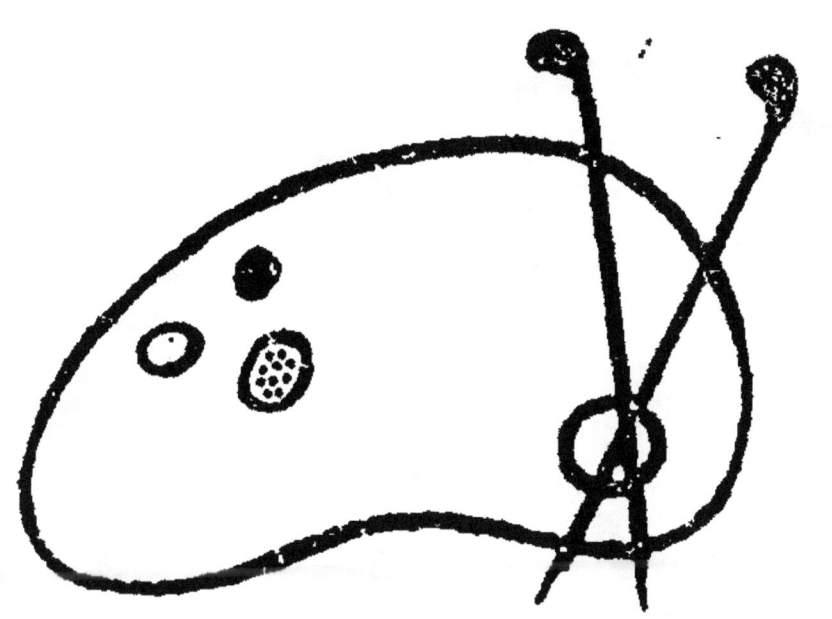

Fin d'une série de documents en couleur

Couverture inférieure manquante

LE MOUVEMENT COMMUNAL

au XIIe Siècle

LE
MOUVEMENT COMMUNAL
au XIIe Siècle
DANS LE BEAUVAISIS
et aux environs

Par M. l'Abbé MOREL

Curé de CHEVRIÈRES

Correspondant du Ministère de l'Instruction publique
et de la Société Académique de l'Oise
Officier d'Académie
Chevalier de l'Ordre royal d'Isabelle la Catholique, etc.

BEAUVAIS

IMPRIMERIE DU « MONITEUR DE L'OISE », 15, RUE DES FLAGEOTS

1899

(Extrait du Bulletin de la Société Académique de l'Oise, tome XVII, 2ᵉ partie.)

LE
MOUVEMENT COMMUNAL
au XIIe Siècle
DANS LE BEAUVAISIS
et aux environs

I. — L'ÉTABLISSEMENT DES COMMUNES

La ville de Beauvais peut se flatter d'avoir été l'une des premières à vivre sous le régime communal. Il est constaté qu'en 1099, elle possédait des coutumes approuvées par son évêque Ansel. *Ipse episcopus (Ansel) eis (burgensibus) suas consuetudines concesserat*. Ansel n'occupait le siège de Beauvais que depuis 1096. Il est permis de croire que sa charte approbative datait de son joyeux avénement. Le roi Louis le Gros, quelques années plus tard, entre 1122 et 1137, disent les historiens en renom, ratifia la concession faite par Ansel. La date précise de cette ratification ne nous est pas connue, mais le témoignage qu'en a donné Louis VII ne saurait nous laisser le moindre doute à cet égard. En 1144, la huitième année de son règne (c'est-à-dire entre le 1er août 1144 et la fête de Pâques, 14 avril 1145), ce prince sanctionna à son tour les coutumes de Beauvais. « Nous concédons, dit-il dans sa charte, et nous confirmons la commune que les hommes de Beauvais ont obtenue de notre père Louis, il y a de longues années ; nous la ratifions, telle qu'elle a été instituée et jurée avec toutes ses coutumes, sauf la fidélité qui nous est due. »

Philippe-Auguste en 1182, la troisième année de son règne (par conséquent entre le 28 mars et le 31 octobre), donna une nouvelle confirmation aux coutumes de Beauvais. Le texte de sa charte ne diffère guère de celui de 1144 (1).

La ville de Noyon pourrait se prévaloir d'une charte de commune plus ancienne que celle de Beauvais, si elle en avait conservé la rédaction primitive. C'est à son évêque Baudry qu'elle doit la reconnaissance officielle de ses coutumes. Ainsi s'exprime le prélat dans sa lettre de notification : « Les paroles et les exemples des saints pères nous apprennent que tous les événements heureux doivent être consignés par écrit, afin qu'on n'en perde pas le souvenir. Sachent donc tous les chrétiens, présents et futurs, que de l'avis des clercs, des chevaliers et des bourgeois, j'ai établi la commune actuellement en vigueur à Noyon. Je l'ai mise sous la sauvegarde de mon serment, de mon autorité pontificale et du lien de l'anathème, et enfin j'en ai obtenu du seigneur roi Louis la ratification et la confirmation par son monogramme. » Baudry fut évêque de Noyon de 1098 à 1113, mais le règne de Louis le Gros ne commença réellement qu'en 1108. C'est donc dans l'intervalle de 1108 à 1113 que l'autorité royale vint sanctionner la commune de Noyon. Le texte de cette confirmation ne nous a pas été conservé. Nous ne connaissons que les ratifications de Louis VII en 1140 et de Philippe-Auguste en 1181 (2), la troisième année de son règne (ce qui veut dire entre le 1ᵉʳ novembre 1181 et le 27 mars, fête de Pâques de l'année 1182). Il est donc bien difficile de se prononcer sur la question de

---

(1) Les deux pièces ont été publiées par M. Labande dans son *Histoire de Beauvais et de ses institutions communales*, p. 267.

(2) Ces documents ont été reproduits par M. Abel Lefranc, dans son *Histoire de la ville de Noyon et de ses institutions*, p. 196.

priorité relativement à la reconnaissance légale de ces deux communes.

C'est encore au commencement du xiie siècle, sous l'épiscopat de Lisiard de Crespy, vers 1115, que Soissons fit approuver ses coutumes. Louis le Gros, dans un acte de 1136, reconnut l'existence d'une commune en cette ville et s'en déclara le fondateur. Toutefois la charte dans laquelle se trouvaient consignés tous les articles constitutifs de cette commune ne remonte qu'à l'année 1181. Philippe-Auguste la fit dresser à Soissons la seconde année de son règne (c'est-à-dire entre le 5 avril, fête de Pâques, et le 31 octobre). Voici comment il s'exprime au début : « Notre très cher grand-père Louis a permis aux bourgeois de Soissons d'avoir une commune entre eux et l'a confirmée de l'autorité de son sceau. Après son décès, notre père Louis, de bonne mémoire, la leur a maintenue et conservée. Voulant marcher sur les traces de nos ancêtres, nous concédons et confirmons à ces mêmes bourgeois la charte de commune qui leur a été accordée par notre aïeul, ainsi que les coutumes de cette commune en la manière que notre père les leur avait octroyées. » (1)

L'influence de la commune de Noyon ne semble pas avoir dépassé l'enceinte de la ville. Celle de la commune de Beauvais s'est au contraire étendue au loin. Soissons paraît bien avoir emprunté sa constitution à Beauvais. Pourtant la ressemblance de sa charte avec celle de la commune de Compiègne est plus frappante encore. Philippe-Auguste n'aurait-il pas remanié la constitution des bourgeois de Soissons en 1181, en prenant celle de Compiègne pour guide ? Nous posons la question. Compiègne eut sa charte de commune en 1153. Louis VII la fit rédiger à Paris sur le modèle de celle de Beauvais. L'observation suivante le prouve surabondamment. « Nous tenons, y dit le roi, à ce qu'on sache bien ceci : Interrogés par nous sur la manière dont leur commune est organisée, les hommes de la commune de Beauvais nous ont assuré que, depuis le jour où ils ont juré la commune, ils

---

(1) Charte de commune de Soissons dans M. Labande, *Op. cit.*, p. 272.

n'ont plus connu de mainmorte à Beauvais et ils se sont déclarés prêts à en faire le serment au besoin. » (1)

Nous avons vu que Beauvais devait l'approbation de ses coutumes et de sa constitution communale à son évêque Ansel; Noyon obtint semblable avantage de son évêque Baudry, et Soissons également de son évêque Lisiard de Crespy. Compiègne n'avait point de siège épiscopal, mais elle possédait une célèbre abbaye, celle de saint Corneille. C'est de là que lui vint son autonomie. Après avoir raconté la nécessité dans laquelle il s'était vu de transformer la collégiale de saint Corneille en monastère bénédictin, Louis VII ajoute : « En vue de la paix, des avantages du couvent et de la sécurité des serviteurs de Dieu, d'après le conseil du vénérable archevêque de Reims, Samson, de l'abbé de Saint-Denis, Eudes, à la prière aussi de la reine, notre mère, Adélaïde, qui avait alors Compiègne dans son douaire, et enfin sur la demande de Guillaume de Flogny, abbé de Compiègne, nous avons concédé une commune aux bourgeois du lieu et nous avons enjoint à tous ceux qui désormais habiteront soit dans l'enceinte de la ville, soit dans les faubourgs, aussi loin que la ville pourra s'étendre, de donner leur adhésion à cette commune sous la foi du serment. »

Ainsi se trouve vérifiée pour notre région l'explication que donne le chroniqueur Ordéric Vital de l'origine des communes : « Louis le Gros, dit-il, pour avoir raison de la tyrannie des brigands et des séditieux, se vit obligé de réclamer par toute la France le secours des évêques. C'est alors que les prélats instituèrent la communauté populaire, afin que les prêtres accompagnassent le roi aux sièges et aux batailles avec leurs étendards et tous leurs paroissiens. » (2)

On ne s'étonnera plus outre mesure, après cet appel, de

---

(1) Nous avons publié la charte de commune de Compiègne dans le Cartulaire de saint Corneille, p. 138.

(2) *Ludovicus in primis, ad comprimendam ejusmodi tyrannidem predonum et seditiosorum, auxilium totam per Galliam deposcere coactus est episcoporum. Tunc ergo communitas in Francia popularis instituta est a presulibus, ut presbyteri comitarentur regi ad obsidionem vel pugnam cum vexillis et parochianis omnibus.* (Ordéric Vital, *Hist. eccl. lib. 11.*)

voir l'évêque de Beauvais, Philippe de Dreux, marcher à la tête de ses Beauvaisins contre les Anglais qui avaient eu l'audace de s'avancer jusque sous les murs de sa ville.

De même, il ne sera plus permis de mettre en doute la part prise par le clergé dans l'établissement des communes, encore moins d'affirmer que cet établissement eut lieu pour combattre la puissance envahissante des chapitres et des abbayes.

Toutes les communes n'ont pas été constituées de la même manière. Quelques villes avaient des traditions, des usages qui ont été conservés. Les chartes qu'elles ont obtenues étaient à la fois des chartes de coutumes et de commune. D'autres ont pour ainsi dire emprunté leur constitution aux villes voisines. On leur a donné simplement des chartes de commune. Enfin il en est qui ont dû se contenter de quelques exemptions, de quelques immunités. De fait, elles se trouvèrent assimilées aux communes sans en avoir l'organisation, sauf le maire. Les chartes qui leur ont été octroyées ne sont en réalité que des chartes de franchises. De la sorte il nous faut diviser ces diverses chartes en trois catégories : 1° les chartes de coutumes et de commune ; 2° les chartes de commune, et 3° les chartes de franchises.

A la première catégorie appartiennent les chartes accordées à Beauvais, Noyon et Soissons. Comme nous l'avons vu, elles ne font que sanctionner les coutumes de ces villes. *Communiam cum consuetudinibus concedimus,* disait le roi : Nous concédons la commune avec ses usages.

Nous rangerons encore dans cette catégorie la charte de commune octroyée, en 1173, aux habitants de Chambly, par Mathieu II comte de Beaumont, et ratifiée par Philippe-Auguste en 1223, la 43° année de son règne (par conséquent entre le 1er et le 22 avril). Il y est dit : « Sauf la fidélité qui nous est due, sauf nos rentes, sauf le droit des églises et de nos vavasseurs, toutes mauvaises coutumes abolies, nous concédons toutes les libertés et immunités, inscrites dans cette charte, aux hommes demeurant dans la commune de Chambly ou dans la banlieue qui ont juré cette commune. »(1)

---

(1) Charte de commune de Chambly dans Douet d'Arcq : *Recherches historiques et critiques sur les anciens comtes de Beaumont-sur-Oise,* p. 165.

Ces libertés et immunités n'étaient donc que les coutumes et les usages suivis de vieille date à Chambly.

Plusieurs chartes de commune ont été modelées sur celle de Chambly. Bien qu'elles en reproduisent le préambule relatif aux bonnes coutumes et aux mauvaises, nous ne pouvons pas évidemment les ranger parmi les chartes de coutumes avec commune. Ces imitations forment bien des constitutions nouvelles. Ce ne sont pas des confirmations d'usages anciens. Elles doivent donc figurer dans la seconde catégorie. De ce nombre sont les chartes de Bulles et de Beaumont-sur-Oise.

Guillaume de Mello et Robert de Conti donnèrent aux habitants de Bulles leur charte de commune (1) en 1181, *secundum formam traditionis hominum de Cambleio,* selon la forme de tradition des hommes de Chambly. Ils la firent sceller de leurs sceaux en présence de Robert de la Cengle, Baudouin de Busderaim, Renaut de Catillon, Ives de Sailly, Ives de Hénu, Gérard de Boutenangles et Hugues de Bresles.

Beaumont obtint la sienne (2) de son comte Mathieu III en 1187. Nous n'en connaissons que la confirmation par Louis VIII en 1224. Ce dernier acte ne fait pas mention de sa parenté avec la charte de Chambly, quoiqu'il en reproduise presque tous les articles, mais le roi indique bien qu'il s'agit d'une constitution nouvelle, lorsqu'il dit : *Communiam et libertates suscriptas donamus,* nous donnons la commune et les libertés ci-dessous énumérées.

Bonvillers et Méru (3) se sont aussi fait octroyer des chartes de coutumes qui ont de grandes ressemblances avec la charte de commune de Chambly ; nous verrons qu'au sens strict on ne peut pas les appeler chartes de communes. Il nous faut les renvoyer à la troisième catégorie.

Il va de soi que dans la seconde doivent figurer la charte

---

(1) Charte de commune de Bulles dans *le Comté de Clermont-en-Beauvoisis,* par M. le comte de Luçay, p. 290.

(2) Charte de Beaumont, dans les *Recherches historiques et critiques sur les anciens comtes de Beaumont,* par L. Douet d'Arcq, p. 170.

(3) Charte de Bonvillers dans L. Douet d'Arcq, p. 158, et charte de Méru, ibid. p. 161.

de Compiègne et celles qui en dérivent, savoir : celles de Senlis, de La Neuville-Roy et de Crespy-en-Valois. Compiègne a reçu en 1153 une constitution copiée sur celle de Beauvais. Senlis jura de garder à perpétuité sa commune sous la forme de la commune de Compiègne, *sub Compendiensis communie forma*. C'est en vue de la paix à entretenir à jamais, *intuitu pacis in perpetuum servande*, que Louis VII accorde à cette ville, en 1173, sa charte d'affranchissement (1). La Neuville-Roy obtint la sienne (2) de Philippe-Auguste, l'an 1200, la vingt et unième année du règne (par conséquent dans le temps qui s'écoula de Pâques à la Toussaint). Le roi enjoint à cette petite ville de jurer sa commune sous la forme de celle de Senlis et non sous la forme de la commune de Compiègne, comme on s'est plu à l'affirmer. La charte de commune de Senlis a encore servi de modèle à celle que Philippe-Auguste fit délivrer aux habitants de Crespy-en-Valois au mois de juin 1215 et que confirma Louis VIII en 1223 (3).

Philippe-Auguste concéda aux habitants de Chaumont-en-Vexin une charte de commune en 1182 (4). Cette charte est pour la majeure partie de son texte identique à celle que Mantes reçut de Louis le Jeune en 1150. Elle forme donc un type différent de celui de Beauvais, comme de celui de Chambly. C'est bien une charte de la seconde catégorie, car on y lit au préambule : Nous avons établi la commune à Chaumont : *Noverint universi nos apud Calvum Montem communitatem statuisse*. Mais tout en plaçant Chaumont sous le régime communal, elle ne fait mention d'aucune coutume. Revenons aux chartes de Bonvillers et de Méru.

Mathieu III, comte de Beaumont, du consentement de la comtesse Éléonore, sa femme, et de ses frères Philippe et

---

(1) Charte de commune de Senlis dans l'*Histoire des Institutions municipales de Senlis*, par J. Flammermont, p. 158.

(2) Charte de La Neuville-Roy, dans le *Bulletin du Comité des travaux historiques, 1896*, p. 464.

(3) Charte de Crespy-en-Valois dans les *Ordonnances des rois*, t. xi, p. 237 ; confirmation de cette charte dans le *Spicilegium* de L. d'Achery, t. x, p. 642.

(4) Charte de commune de Chaumont-en-Vexin dans les *Ordonnances*, t. xi, p. 285.

Jean, accorda aux habitants de Bonvillers, en 1180, et à ceux de Méru, en 1191, la faculté de suivre leurs coutumes traditionnelles. « Je donne à perpétuité, dit-il, et je confirme aux hommes qui demeurent à Bonvillers la liberté en suivant les bons usages et les bonnes coutumes. *Do in perpetuum et confirmo, hominibus in Buviler manentibus, libertatem ad bonos usus et bonas consuetudines* ». L'acte ne porte aucune mention de commune.

Pour Méru la formule, quelque peu différente, est celle-ci : « Sauf la fidélité qui nous est due, sauf nos revenus, sauf le droit de nos vavasseurs, nous donnons et confirmons à perpétuité aux hommes de Méru et à tous ceux qui sont jusqu'aujourd'hui entrés dans leur cense, la cense et la liberté en toute fidélité en suivant les bons usages et les bonnes coutumes, toutes mauvaises coutumes étant abolies. » Ce sont les termes qui ont été employés pour Chambly en 1173; mais tandis qu'à Chambly la commune a été formellement concédée, à Méru elle se trouve exceptée : « Nous leur faisons toutes ces concessions, dit la charte, sans commune et sans banlieue. *Hec omnia eis donamus absque communia et banlia.* » En mettant en regard de la charte de Chambly, tous les articles de la charte de Méru, on constate la grande similitude qui existe entre les deux actes, et pourtant la charte de Chambly est une charte de coutumes et de commune, tandis que celle de Méru n'est qu'une simple charte de coutumes ou franchises sans commune.

Clermont et Creil se firent donner par Louis, comte de Blois et de Clermont, des chartes d'affranchissement qui ont une grande ressemblance avec les chartes de communes proprement dites. La charte de Clermont(1) est de 1197. « Sachez, dit le comte de Clermont, que pour l'amour de Dieu, le remède de mon âme et le salut de mes ancêtres, du consentement de Catherine, ma femme, et Mahaut, ma sœur, sauf le droit des églises et des chevaliers, je déclare tous les hommes domiciliés à Clermont et leurs héritiers quittes et exempts de la taille, de la taxe, du prêt et du don soi-disant gratuit,

---

(1) Charte de Clermont dans le *Comté de Clermont*, par M. le comte de Luçay, p. 288.

mais forcé. Toutes les personnes de condition servile, leurs héritiers et leurs ténements seront désormais libres de tout joug de servitude. Le prévôt de Clermont, les sergents de la ville et le gardien jureront l'un après l'autre de maintenir fermement et de bonne foi toutes ces coutumes. »

La charte de Creil, (1) en tout semblable à celle de Clermont, est du 23 janvier 1198.

Pontpoint (2) et Royallieu (3) ont reçu de la reine Adélaïde en 1153, au temps où elle avait ces villages en son douaire, quelques franchises qui avaient leur importance. Huit autres villages ne tardèrent pas à réclamer au roi de semblables privilèges. Ce sont La Croix-Saint-Ouen et Montigny (4) en 1155, Jonquières en 1171, La Bruyère (5) et Jaux (6) en 1177 qui obtiennent leurs chartes de Louis VII, Chevrières (7) qui fut l'objet de la même faveur de la part de Philippe-Auguste en 1182, Angy (8) en 1189, Wacquemoulin (9) en 1196 et Baron (10) en mai 1215. En tête de ces chartes, sauf en celle de Baron, figure l'exemption de la tolte, de la taille et de toute injuste exaction.

Raoul comte de Clermont fit des concessions analogues à celles des rois de France aux habitants de Gournay-sur-Aronde (11) en 1165 et à ceux de La Neuville-en-Hez (12)

---

(1) Charte de Creil dans l'*Histoire de la ville et châtellenie de Creil*, par le D<sup>r</sup> Boussier, p. 201.

(2) *Bulletin du Comité des travaux historiques*, 1895, p. 329, et *Mémoires du Comité archéologique de Senlis*, t. II, 1899, p 157.

(3) Charte de Royal-Lieu dans la *Nouvelle Revue historique*, 1895, p. 129.

(4) Dom Grenier, t. 199, f° 201, et t. 200, verbo Montigny.

(5) Chartes de Jonquières et de La Bruyère, dans la *Nouv. Revue histor.* 1895, p. 131.

(6) Afforty, *Collect. Silvanect*, t. XIV, p. 572.

(7) Charte de Chevrières dans la *Nouv. Revue histor.* 1895, p. 134.

(8) Charte d'Angy, dans les Ordonnances, t. IV, p. 129.

(9) Charte de Wacquemoulin. Archiv. nation. S. 6269, n° 10.

(10) Charte de Baron, dans les Ordonnances, t. XI, p. 304.

(11) Charte de Gournay dans le *Comté de Clermont*, de M. le comte de Luçay, p. 285.

(12) Charte de La Neuville-en-Hez, Comte de Luçay, *Op. cit.* p. 285.

en 1187. La commune ne fut cependant pas établie nommément en ces treize villages, bien qu'ils eussent des privilèges communaux.

II. — L'ORGANISATION DES COMMUNES

A quelle condition pouvait-on devenir communier ?

A Beauvais, tous ceux qui habitaient la ville ou les faubourgs, quel que fût le seigneur dont dépendait leur demeure, faisaient de droit partie de la commune et devaient jurer d'en observer les règlements.

A Soissons, Compiègne, Senlis et la Neuville-Roy, on pouvait détruire la maison et confisquer les biens de ceux qui refusaient de prêter le serment prescrit aux communiers. C'est pourquoi, pour désigner les membres de la commune, on employait tantôt les mots *homines de communia*, tantôt l'expression *jurati*. Le serment était aussi obligatoire à Crespy-en-Valois. On ne dit pas cependant quelle sanction pénale était attachée à cette obligation. Il était défendu aux bourgeois de Crespy de recevoir dans leurs rangs les hommes de corps ou serfs de l'évêque de Senlis, ainsi que ceux de l'abbaye de Morienval.

A Noyon, il fallait non seulement résider, mais posséder une maison pour être admis parmi les bourgeois.

A Chambly, Beaumont et Bulles, toute personne de condition servile devint libre par le fait de son adhésion à la commune, lors du premier établissement. Mais ceux qui vinrent ensuite du dehors ne purent être reçus au nombre des communiers que s'ils étaient hommes de condition libre, *legitimi homines*, à quelque seigneur que pût d'ailleurs appartenir la terre sur laquelle ils habitaient, *de cujuscumque terra sint*. Philippe-Auguste, comme Louis VIII, ne laissèrent pas toutefois cette faculté à leurs hôtes ou tenanciers, ni aux fils de leurs hôtes dans le comté de Beaumont-sur-Oise. Guillaume de Mello et Robert de Conty firent de même pour leur compte et le compte de leurs enfants. Les hommes et les femmes de corps, autrement dits les serfs attachés à la glèbe, se trouvaient exclus par le fait quand ils étaient d'origine étrangère. Les hommes et les femmes d'autres communes ou d'abbayes royales, devant l'ost et la chevauchée, ne pouvaient non plus rien changer à leur condition.

Quels devoirs incombaient aux communiers ?

Ils devaient s'aider et se défendre mutuellement, faire le guet et se montrer pleinement soumis envers les administrateurs de la commune. En outre, c'était une obligation stricte pour eux de se rendre aux assemblées communales, quand la banclok du beffroi les y appelait. A Compiègne, Senlis, la Neuville-Roy et ailleurs encore, ceux qui négligeaient de répondre à cet appel étaient condamnés à une amende de 12 deniers.

Quels étaient les administrateurs de la commune ?

A Beauvais, on les nommait *pares*, les pairs ou les égaux.

A Compiègne et dans les autres communes, modelées sur celle de Compiègne, pour les qualifier, on se servait de ces expressions : *illi qui communiam servaverint, custodierint*, ceux qui défendent, gardent la commune, ou encore : *statuti ad hoc homines juraverent*, les hommes désignés à cet effet ont juré. Mais le plus souvent on les appelait simplement *jurati*, les jurés. Ils devaient ce dernier qualificatif au serment spécial qu'ils avaient fait de défendre en tout, partout et toujours les intérêts de la commune.

A Beauvais, les pairs étaient au nombre de treize. Combien y avait-il de jurés à Compiègne, Senlis et la Neuville-Roy ? Nous avons vu que la charte de la Neuville-Roy avait été calquée sur celle de Senlis, et celle de Senlis sur celle de Compiègne. Or, à la Neuville-Roy, en 1210, nous trouvons neuf jurés en fonction. C'étaient Aubert de Camp-Brûlé, Robert le Fort, Robert le Mauvais, chevalier, Firmin de Pronleroy, Pierre le Roux, Gautier de Maisoncelle, Pierre le Bouc, Arnoul Gélins et Gauthier de Roye, *tunc omnes pares*, dit la charte, tous pairs ou jurés. A leur tête figurait le maire, Enguerrand le Benne. Si, comme nous le croyons, le maire était choisi parmi les pairs, le nombre des pairs de la Neuville-Roy s'élevait à dix. Il est de toute évidence que Compiègne et Senlis n'en pouvaient avoir un moindre nombre.

Le corps de ville de Crespy-en-Valois était composé de huit jurés, un argentier ou receveur et douze ou quatorze hommes jugeants.

Le comte de Clermont, en octroyant une charte de commune à Clermont et à Creil, autorisa ces deux villes à se choisir pour leur conseil et leur gouvernement, à Clermont huit magistrats, à Creil six magistrats, qui prirent aussi le nom de pairs. Ce nom fut également donné aux administrateurs des communes de Chaumont, Chambly, Beaumont et Bulles, mais nous n'en savons pas le nombre.

La charte de Baron laisse à penser que ce village avait obtenu divers privilèges antérieurement à 1215, mais qu'en butte alors à toutes sortes de vexations, il avait prié le roi de le protéger. Philippe-Auguste y établit, en son nom et au nom de l'évêque de Senlis, quatre échevins jurés, soumis annuellement à l'élection et chargés de poursuivre en justice les jurés de l'endroit contre lesquels on aurait porté plainte. Y avait-il des échevins dans tous les villages jouissant de privilèges communaux? Nous l'ignorons.

A la tête de chaque commune fut placé un *major* ou maire, parfois deux comme à Beauvais. Nous n'oserions affirmer que le maire fût partout élu par ses pairs, mais cela nous paraît très vraisemblable. Pour Beauvais, la charte de 1182 nous donne à cet égard des renseignements précis. Treize pairs, y est-il dit, seront élus dans la commune et parmi eux, si les pairs et ceux qui auront juré le conseil sont de cet avis, il sera choisi un maire ou deux: *Tredecim pares in communia eligentur, de quibus, si pares et illi qui consilium juraverint consilium dederint, unus major fiet vel duo.*

Avant 1182, n'y avait-il donc pas de maire à la tête de la commune de Beauvais? La charte de 1144 est muette sur ce point. Elle cite seulement les pairs de la commune, *pares communie*, partout où la charte de 1182 porte *major et pares*, le maire et les pairs. La charte de Compiègne, donnée en 1153, mentionne un personnage, nommé *archidiaconus*, archidiacre ou grand administrateur. Nous le retrouvons dans la charte de Senlis en 1173, dans celle de Soissons en 1181, dans la première confirmation de la charte de Compiègne en 1186, dans la charte de la Neuville-Roy en 1200, et dans celle de Crespy en 1215. *Si archidiaconus*, disent tous ces titres, *aliquem implacitaverit, nisi clamator ante venerit, vel forisfactum apparebit, non ei respondebit.* Si l'archidiacre veut faire assigner quelqu'un en justice, il devra préalablement présenter sa requête, à moins que le délit ne soit flagrant, sinon sa demande sera repoussée. Mais dans la charte donnée par Philippe-Auguste à la ville de Compiègne, en 1209, ce personnage porte le nom de *major*. On y lit : *Si major aliquem implacitaverit*, si le maire veut faire assigner quelqu'un en justice. L'*Archidiaconus* tenait donc la place du *Major*. Tout nous porte à croire qu'il s'agit ici d'un même personnage, le président de l'assemblée des pairs ou jurés, appelé de deux noms différents, selon les époques. Compiègne et la Neuville-Roy n'avaient pas d'ailleurs dans leurs murs de siège épiscopal.

L'assemblée des pairs ne pouvait avoir à sa tête un archidiacre, au sens généralement attaché à ce titre. L'archidiacre dont parlent nos chartes ne pouvait être que le grand administrateur de la commune, qui, en 1209, est enfin désigné par son nom usuel *major*, le maire.

Au reste, on connaît peu de maires avant les dernières années du xii° siècle. Il n'y a pas lieu d'en être surpris, quand on sait que le nom lui-même n'a été porté que tardivement. Il était, pour ainsi dire, réservé jusque-là aux intendants des domaines seigneuriaux et abbatiaux. Le maire de Compiègne, en 1183, s'appelait Pierre. C'est le premier connu. L'un de ses successeurs, en 1201, fut Jean d'Estrées, de l'illustre famille des prévôts d'Estrées-Saint-Denis.

Quels étaient les articles fondamentaux des chartes de communes?

Une réponse bien nette à cette question est difficile à donner. Car, ainsi qu'on en a pu déjà juger, toutes les chartes de communes n'ont pas été rédigées sur le même type. La Charte de Beauvais renferme plus d'articles que celle de Compiègne qui est vraiment le type des chartes de Soissons, Senlis, la Neuville-Roy, Crespy-en-Valois, etc. Clermont et Creil forment un type à part. Chaumont en présente un autre, de même que Chambly, Beaumont et Bulles. Viennent ensuite les simples franchises dont la charte de Royal-Lieu semble avoir fourni le modèle reproduit le plus souvent par les rois de France. Les villages de Baron, Gournay, la Neuville-en-Hez furent pourvus chacun d'une charte de rédaction différente. Nous avons donc pour notre région au moins huit constitutions bien distinctes, suivant les coutumes ou les privilèges qui s'y trouvent consignés.

Voici les dix-huit points traités dans la charte de Beauvais :

1° Le serment obligatoire ;
2° L'assistance mutuelle ;
3° La répression des insultes et des torts envers les communiers ;
4° La protection des marchands ;
5° La défense de laisser rentrer en ville des gens ayant forfait :
6° L'administration des moulins par deux *juniores* ou aides-meuniers ;
7° Le droit de l'évêque de prendre trois chevaux pour se rendre aux cours plénières et un cheval pour envoyer du poisson au roi ;
8° La défense de prêter de l'argent aux ennemis ou d'entretenir des conversations avec eux ;
9° La contrainte à exercer envers ceux qui prennent la fuite pour ne pas rendre un argent emprunté ou volé ;
10° Le séchage du drap sur les *penditoria* ou pentours ;
11° Les prêts d'argent ;
12° La défense d'aller plaider en dehors de la ville ;
13° La validité des ventes au bout d'un an et un jour de possession ;
14° L'élection de treize pairs et d'un ou deux maires ;
15° Le serment que doivent prêter le maire et les pairs, de remplir leurs fonctions avec impartialité ;
16° L'obligation pour les communiers d'obéir à leurs injonctions ;
17° Le droit de justice accordé au maire et aux pairs ;
18° La défense de porter la charte de commune en dehors de la ville ou de la critiquer.

A Compiègne, il n'est fait aucune mention de l'administration des moulins, de la contrainte vis-à-vis des emprunteurs et des voleurs qui prennent la fuite, du séchage du drap, de la défense de plaider en dehors de la ville, de la validité des ventes, des élections, du respect dû à la charte de commune, encore moins des chevaux de l'évêque. Mais, par contre, il y est question de la levée du tonlieu ou droit sur le transport des denrées ou marchandises, des assignations en justice par l'archidiacre ou maire, du formariage ou mariage contracté en dehors du territoire et de la juridiction de son seigneur, de la capitation ou cens dû par les hommes de chevage, de l'asile donné aux étrangers pour la conservation de leurs biens et de l'obligation de se rendre aux assemblées communales sous peine de douze deniers d'amende.

A Senlis, il est déclaré qu'à raison de cette concession de commune les citoyens, *cives Silvanectenses*, auront à payer annuellement au roi 208 livres parisis, le double de l'ancienne redevance.

A la Neuville-Roy, le roi se réserve sa maison ou château-fort et taxe les habitants à cent livres parisis de rente annuelle, non compris les quinze livres parisis d'indemnité à servir, tous les ans, à la Toussaint, à l'ancien prévôt royal Etienne.

A Crespy-en-Valois, les redevances à payer annuellement au roi sont de 370 livres nérets, 11 muids et 4 mines d'avoine, 16 chapons et 2 pains. En dehors des articles empruntés à la charte de Compiègne, il est pour ce pays diverses particularités dignes de remarque :

1° La main-morte et le formariage et toutes les autres redevances sont supprimés en ce bourg à l'exception du chevage ou capitation, qui se doit payer sans retard aux seigneurs, sous peine de cinq sous d'amende;

2° Suivant l'usage traditionnel, le roi n'y fera aucun ban, autrement dit aucune ordonnance concernant les bourgeois ou leurs biens, sans leur consentement;

3° Tout étranger, chevalier, sergent ou campagnard, se refusant à réparer un tort par lui fait dans la banlieue, sera passible de la destruction de sa maison. On détruira également toute maison nuisible située à moins de trois lieues du bourg;

4° Ni le roi ni ses sergents ne pourront provoquer en duel par gages de bataille un communier de Crespy;

5° L'impôt sur les biges non ferrés est fixé à une obole, sur les biges ferrés à un denier, sur les quadriges non ferrés à un denier, sur les quadriges ferrés à deux deniers. Le produit de cet impôt sera employé à l'entretien des chaussées;

6° Le maire et les communiers, cités en justice par le roi, ne pourront être jugés que par les jurés, à Crespy même;

7° Si un paysan étranger vient à Crespy pour faire partie de la commune, tout ce qu'il apportera restera sa propriété. Tout ce qu'il laissera dans le pays qu'il aura quitté reviendra au seigneur du pays, sauf les héritages ;

8° Si un communier cultive une terre ou fait un négoce en dehors de Crespy, on ne pourra l'actionner que sur le produit de son bien ou de son travail ;

9° Si un étranger provoque en duel un communier par gages de bataille, il ne pourra l'appeler que par lui-même ou par un mandataire faisant partie de la commune ;

10° Si un étranger débiteur d'un bourgeois entre à Crespy, le bourgeois pourra le faire arrêter et conduire au maire qui le fera juger par les jurés ;

11° Si un bourgeois reçoit d'un chevalier un gage pour une dette et qu'ensuite le chevalier renie sa dette, le bourgeois devra soumettre le litige au jugement des jurés dans la banlieue et devant le maire ;

12° Le maire et les jurés pourront établir des fortifications partout où bon leur semblera ;

13° Le roi ne pourra ni retirer ni renouveler la monnaie sans le consentement du maire et des jurés. Si la quantité de monnaie frappée ne lui paraît pas suffisante, il pourra remettre l'ancienne en circulation. En aucun cas il n'affaiblira le titre de la monnaie ;

14° La commune exercera toute justice, percevra toutes les amendes. Il n'est fait d'exception que pour le meurtre, le rapt, l'homicide, la justice du péage et des moulins royaux.

Chaumont-en-Vexin n'a qu'une très courte charte qui peut se réduire à onze articles :

1° L'exemption de toute taille, de tout impôt, de toute exaction ;

2° La répression qu'un chevalier peut faire des délits de son hôte avec ou sans le concours du prévôt royal et des pairs de la commune ;

3° La défense de laisser rentrer en ville des malfaiteurs ;

4° La protection des marchands ;

5° La réparation des torts et des injures ;

6° Le guet, la patrouille, les corvées aux fossés et aux fortifications ;

7° La garde des vignes par leurs propriétaires ;

8° La validité des ventes et des gages au bout d'un an et un jour ;

9° La validité des héritages et de toute autre acquisition passé le même délai ;

10° La possibilité de se faire rendre justice après une absence ;

11° La dispense d'aller à l'ost ou à la chevauchée au delà de la Seine ou au delà de l'Oise.

La constitution de Chambly et de Bulles renferme tout un code de procédure civile et criminelle. La trahison, le meurtre, l'incendie, l'effusion du sang, les voies de fait, le duel, le viol des femmes, les fausses mesures, la garde des animaux, les délits causés par les animaux, la poursuite des débiteurs, le retard dans le payement du cens y sont l'objet d'articles spéciaux. Elle règle également l'assistance mutuelle, le service de la guerre comprenant l'ost et la chevauchée, l'usage des four, moulin et pressoir banaux, la vente du vin, l'exercice de la justice par les pairs, la répression par les seigneurs de Beaumont et de Bulles des torts faits aux communiers, la redevance de cinq sous à payer annuellement par ménage. Enfin, elle délimite la banlieue de la commune, afin qu'il ne puisse y avoir aucune contestation sur l'étendue de sa juridiction.

La charte de Clermont et de Creil établit en principe que tous les communiers de condition servile deviennent libres et demeurent exempts de la taille et de la saisie, de l'emprunt et du don prétendu gratuit, mais obligatoire. La redevance annuelle, due par chaque ménage au comte de Clermont, à la Saint-Remy, est de cinq sous et, s'il y a retard dans le payement, les bourgeois doivent solidairement payer le double. Les six ou huit pairs nommés par les bourgeois règlent toutes les contestations que pourraient soulever les pauvres. Toute personne peut quitter la ville librement ou venir y demeurer de même, en se conformant aux coutumes. Le comte de Clermont garde la répression des délits dans les vignes, les prés, les vergers, les blés. Un crédit de trois mois lui sera fait pour les denrées qu'il achètera, et il payera ces denrées le même prix qu'autrefois. Il n'y aura de prise de corps que pour le meurtre, la trahison, l'incendie, le rapt et le vol, s'il y a flagrant délit.

Les chartes des petites communes comme Royal-Lieu, Pontpoint, Jonquières, La Bruyère, Chevrières, etc., se réduisaient à deux ou trois articles. Les habitants, y est-il dit, n'iront à l'ost et à la chevauchée qu'autant qu'ils pourront rentrer chez eux le même jour, à moins qu'ils n'y soient spécialement appelés en cas de guerre. Les amendes y sont ainsi réduites : celles de 60 sous sont ramenées à 5 sous, et celles de 5 sous à 12 deniers. La redevance annuelle à payer par chaque manse ou ménage est fixée à six mines d'avoine, à la Saint-Remy, et quatre chapons, à Noël. Louis le Jeune, à qui appartenaient les deux tiers de La Bruyère, au Meux, d'accord avec Aubert de Fayel, possesseur du troisième tiers, y institua pour maire Pierre Hédoul. Nous savons ainsi comment étaient nommés les maires dans les petites localités.

Observons une particularité de la charte d'Angy. Il y est fait mention d'un *pariage* ou contrat d'association antérieurement passé entre le roi Louis VII et les chanoines de Saint-Frambourg, seigneurs en partie du pays. Semblable pariage avait été conclu en 1174 entre le même roi et Aubert de Fayel pour leurs possessions de Jonquières et de La Bruyère.

A Wacquemoulin deux points sont à signaler. On ne pouvait plaider en dehors du village, si ce n'est en cas de meurtre ou de trahison. Les batailleurs, après deux corrections, en étaient expulsés s'ils continuaient à troubler la paix (1).

A Gournay, chaque habitant se trouvait quitte envers le comte de Clermont en lui payant annuellement 4 mines d'avoine et 4 chapons. Tout homme accusé d'un délit quelconque, pourvu que ce ne fût pas d'homicide, de meurtre ou de trahison, pouvait se justifier par son serment et celui de deux cojureurs, sinon il lui fallait payer cinq sous beauvaisins d'amende.

A La Neuville-en-Hez la première concession fut celle de

---

(1) Nous devons à l'obligeance de M. le comte de Luçay les chartes d'Angy et de Wacquemoulin. Il nous est agréable d'avoir à l'en remercier.

l'exemption de la taille avec le droit de suivre les coutumes du village abandonné de Courlieu et celui de prendre le mort bois pour le chauffage dans la forêt de Hez. Quant à la redevance annuelle, elle fut fixée pour chaque manse à deux mines d'avoine, deux chapons et six deniers beauvaisins.

Nous avons dû nous borner à ces renseignements très sommaires sur les diverses constitutions communales. Il faudrait un volume sur chacune d'elles, si l'on voulait en donner une étude complète.

Ce serait une illusion de croire que les chartes de communes coupèrent court à toute difficulté avec les seigneurs laïques et ecclésiastiques. Les grands jugements de 1276 et de 1292 entre la ville de Beauvais et l'évêque, et de 1291 entre la ville de Compiègne et l'abbaye de Saint-Corneille, sans parler des autres arrêts du Parlement, sont les témoins irrécusables des conflits qui ne cessaient de surgir.

Le nouveau régime a-t-il au moins inauguré pour les communes une ère de prospérité? Sans doute les franchises accordées ont été accueillies avec bo... par les populations. Mais bientôt il fallut compter avec les charges. La plupart des communes rapidement se virent criblées de dettes.

Celle de Noyon cessa par arrêt du Parlement à la Chandeleur, 2 février 1291. Celle de Compiègne fut convertie en prévôté royale en septembre 1319, celle de Senlis au mois de février suivant, celle de Soissons en 1325, celle de Crespy-en-Valois le 18 mai 1329. Ces cinq villes ne pouvaient plus satisfaire leurs créanciers. Les villages de Pontpoint et de La Neuville-Roy eurent le même sort, et pour la même cause, le premier en juillet 1364, et le second en juillet 1370 (1).

E. MOREL.

---

(1) Cette notice a été lue au Congrès des Sociétés savantes à la Sorbonne, en 1898. Voyez le compte rendu qui en a été fait dans le *Bulletin historique et philologique* du Comité des travaux historiques, 1898, p. 127 et 128.

BEAUVAIS. — IMPRIMERIE AVONDE ET BACHELIER

www.ingramcontent.com/pod-product-compliance
Lightning Source LLC
Chambersburg PA
CBHW060920050426
42453CB00010B/1844